Alle Kinder

Alle Kinder sind manchmal schadenfroh.

Auch Julie und Lasse - ihre Sprüche waren klasse.

Dank an unsere Kinder

für die Unterstützung.

ALLE KINDER

EIN ABC DER SCHADENFREUDE

gereimt und gesammelt von Martin Schmitz-Kuhl

mit Bildern von Anke Kuhl

Klett Kinderbuch

A

Alle Kinder lieben Piranhas.

Außer Annegret – die im Becken steht.

B

Alle Kinder springen ins Wasser.

Außer Berta - die landet härter.

C

Alle Kinder flüchten aus dem Urwald.

Außer Camilla – die bleibt beim Gorilla.

D

Alle Kinder spielen im Zauberwald.

Außer Dorothee – die holt die böse Fee.

E

Alle Kinder sehen den Stier.

Außer Elise – die rennt über die Wiese.

F

Alle Kinder laufen ins Haus.

Außer Fritz – den trifft der Blitz.

G

Alle Kinder fahren mit dem Bus.

Außer Gunther – der liegt drunter.

H

Alle Kinder gehen zum Friedhof.

Außer Hagen – der wird getragen.

I

Alle Kinder spüren den Nervenkitzel.

Außer Inge – die spürt die Klinge.

J

Allen Kindern schmeckt das Essen.

Außer Jürgen – der muss würgen.

K

Alle Kinder schauen auf das brennende Haus.

Außer Klaus - der schaut raus.

L

Alle Kinder haben tolle Kostüme.

Außer Lotte - die ist Motte.

M

Alle Kinder beißen in ihren Apfel.

Außer Marlene - die hat keine Zähne.

N

Alle Kinder springen durch den Reifen.

Außer Nick – der ist zu dick.

O

Alle Kinder genießen die Sonne.

Außer Olli - der trägt 'nen Rolli.

25

P

Alle Kinder stehen am Abgrund.

Außer Peter – der geht noch'n Meter.

Q

Alle Kinder flüchten vor dem bösen Drachen.

Außer Quentin – der rennt hin.

R

Allen Kindern steht das Wasser bis zum Hals.

Außer Rainer – der ist kleiner.

S

Alle Kinder werfen mit Schneebällen.

Außer Steffen – den wollen sie treffen.

T

Alle Kinder freuen sich des Lebens.

Außer Torben - der ist gestorben.

TORBEN

U

Alle Kinder spielen auf der Straße.

Außer Ulli - der fällt in den Gulli.

V

Alle Kinder schlittern über das Eis.

Außer Vera - die ist schwerer.

W

Alle Kinder essen Bratwurst.

Außer Will – der fasst an den Grill.

X

Alle Kinder lesen dieses Buch.

Außer Xaver - der ist ein Braver.

ALLE KINDER

Y

Alle Kinder halten die Tür zu.

Außer Yves – der sitzt im Mief.

Z

Alle Kinder bestaunen die Ausstellung.

Außer Zino - den holt der Dino.

Midi-Ausgabe

1. Auflage 2019

Umschlaggestaltung, Illustration und Layout: Anke Kuhl
Herstellung: Florian v. Wissel, hoop-de-la design, Köln
Druck und Bindung: Livonia Print, Riga
Printed in Latvia

ISBN 978-3-95470-230-5

www.klett-kinderbuch.de